Mentes Profundas

Emma Campbell

Emma Campbell

INDICE

Emma Campbell

Introducción a la Psicología de la Mente

La mente humana es una de las maravillas más fascinantes y complejas del universo. Nos permite pensar, sentir, recordar, imaginar y crear. Pero, ¿qué es exactamente la mente? ¿Cómo funciona y cómo influye en nuestras emociones y comportamientos? En este capítulo, exploraremos estos conceptos de una manera sencilla y entretenida.

Para empezar, es útil entender que la mente no es un lugar físico en nuestro cuerpo. No es algo que podamos tocar o ver directamente, como un órgano. Más bien, la mente es un conjunto de procesos y funciones que ocurren en nuestro cerebro. Es el sistema que nos permite interpretar el mundo a nuestro alrededor y responder a él de maneras únicas.

Imagina que tu mente es como una computadora muy avanzada. Esta computadora procesa información constantemente: desde lo que ves y escuchas, hasta tus pensamientos y recuerdos. Al igual que una computadora, tu mente tiene diferentes "programas" que se encargan de distintas tareas. Estos programas son los procesos mentales, como la percepción, el pensamiento, la memoria y las emociones.

La percepción es uno de los primeros procesos mentales que ocurren cuando interactuamos con el mundo. A través de nuestros sentidos, captamos información del entorno: la luz que entra por nuestros ojos, los sonidos que escuchamos, los olores, los sabores y las texturas que tocamos. Pero la percepción no es solo recibir esta información; también implica interpretarla. Por ejemplo, cuando ves una manzana roja, tu mente no solo registra el color y la forma, sino que también reconoce que es una fruta que puedes comer. Esta capacidad de interpretar los datos sensoriales nos permite entender y navegar por nuestro entorno de manera eficaz.

El pensamiento es otro proceso fundamental de la mente. Pensar implica analizar información, tomar decisiones, resolver problemas y planificar. Imagina que estás resolviendo un rompecabezas. Tu mente está trabajando arduamente para ver cómo encajan las piezas, utilizando el razonamiento y la lógica. Pero el pensamiento no siempre es tan consciente y deliberado. A menudo, nuestros pensamientos fluyen libremente, saltando de un tema a otro, como cuando soñamos despiertos o recordamos momentos del pasado.

La memoria es el proceso mental que nos permite almacenar y recuperar información. Sin memoria, no podríamos recordar lo que hicimos ayer, quiénes son nuestras personas queridas, o incluso cómo atarnos los zapatos. Hay diferentes tipos de memoria, como la memoria a corto plazo, que retiene información por un tiempo breve (por ejemplo, un número de teléfono que acabas de escuchar), y la memoria a largo plazo, que almacena información por períodos más largos (como el nombre de tu primer maestro).

Las emociones son una parte crucial de la mente que colorean nuestras experiencias y nos motivan a actuar de ciertas maneras. Las emociones pueden ser positivas, como la alegría y el amor, o negativas, como el miedo y la tristeza. Piensa en la última vez que viste una película emocionante. Tus emociones probablemente cambiaron a lo largo de la película: tal vez sentiste alegría en un momento feliz, miedo en una escena de suspenso, y tristeza en una escena conmovedora. Estas emociones no solo afectan cómo te sientes en el momento, sino que también influyen en tus pensamientos y comportamientos.

Un aspecto fascinante de la mente es cómo estos procesos interactúan entre sí. Por ejemplo, nuestras emociones pueden influir en cómo pensamos. Si estás feliz, es más probable que veas el mundo de manera optimista y que te sientas motivado para enfrentar desafíos. Por otro lado, si estás triste, tus pensamientos pueden volverse más negativos y podrías sentirte desmotivado. Esta interacción entre emociones y pensamientos es una de las razones por las que es tan importante aprender a gestionar nuestra mente.

Ahora, hablemos de la autoconciencia, que es la capacidad de la mente para reflexionar sobre sí misma. La autoconciencia nos permite darnos cuenta de nuestros propios pensamientos y emociones, y evaluar si están ayudando o perjudicando nuestra vida. Por ejemplo, si notas que un pensamiento negativo recurrente te está haciendo sentir mal, la autoconciencia te permite identificarlo y trabajar para cambiarlo. Este proceso de autoevaluación es esencial para el crecimiento personal y el bienestar emocional.

Para entender mejor cómo la mente afecta nuestras vidas, consideremos un ejemplo práctico. Imagina que tienes que dar una presentación en el trabajo. Tus percepciones iniciales pueden incluir la vista de la sala de conferencias y el sonido de tus colegas hablando. Luego, tu mente procesa esta información y empiezas a pensar en la presentación. Podrías sentir emociones como nerviosismo o entusiasmo. Si tu pensamiento es positivo ("Estoy bien preparado, puedo hacerlo"), es probable que te sientas confiado y desempeñes bien. Pero si tu pensamiento es negativo ("Voy a cometer un error, todos se reirán de mí"), podrías sentir miedo y tener dificultades para hablar con claridad. Este ejemplo muestra cómo los procesos mentales y emocionales están interconectados y cómo podemos trabajar para influir en ellos positivamente.

En resumen, la mente es una poderosa herramienta que influye en cada aspecto de nuestra vida. Desde cómo percibimos el mundo hasta cómo pensamos, recordamos y sentimos, nuestra mente está en constante funcionamiento. Comprender estos procesos y aprender a gestionarlos puede mejorar significativamente nuestro bienestar emocional y nuestra capacidad para enfrentar los desafíos de la vida. A lo largo de este libro, exploraremos en detalle cómo podemos usar el poder de la mente para controlar nuestras emociones y tomar el control de nuestro mundo interno, llevando una vida más plena y satisfactoria.

El Poder del Pensamiento Positivo

Imagina que tu mente es como un jardín. Los pensamientos negativos son malas hierbas, mientras que los pensamientos positivos son flores hermosas. Si permites que las malas hierbas crezcan sin control, pronto dominarán el jardín, sofocando las flores. Pero si cultivas y cuidas las flores, tu jardín será un lugar vibrante y alegre. Este capítulo trata sobre cómo cultivar un jardín mental lleno de pensamientos positivos y cómo este hábito puede transformar tu vida.

El pensamiento positivo no se trata de ignorar los problemas o fingir que todo está bien cuando no lo está. En lugar de eso, es una forma de ver el mundo con una perspectiva optimista y constructiva. Es elegir enfocarse en lo bueno, en lo que podemos aprender y en lo que podemos hacer para mejorar. Por ejemplo, si enfrentas un desafío en el trabajo, en lugar de pensar "Nunca podré hacerlo", puedes pensar "Esto es difícil, pero voy a encontrar una manera de superarlo". Esta actitud no solo te hace sentir mejor, sino que también te ayuda a encontrar soluciones.

Los pensamientos positivos influyen en nuestras emociones y comportamientos de maneras poderosas. Cuando pensamos positivamente, liberamos neurotransmisores en el cerebro, como la dopamina y la serotonina, que nos hacen sentir bien. Estos químicos del cerebro están asociados con sentimientos de felicidad y bienestar. Así, al pensar positivamente, literalmente estamos mejorando nuestra química cerebral y, por lo tanto, nuestro estado de ánimo.

Para ilustrar esto, considera a dos personas que comienzan el día de manera diferente. María se despierta y piensa "Hoy será un día estupendo, estoy lista para enfrentar lo que venga". Pablo, en cambio, se despierta y piensa "Hoy será un desastre, no quiero levantarme". A lo largo del día, María probablemente buscará oportunidades y verá el lado positivo de las cosas, lo que la hará sentir bien y ser más productiva. Pablo, por otro lado, puede estar más enfocado en los problemas y sentirse desmotivado, lo que hará que su día sea realmente difícil. Este simple ejemplo muestra cómo nuestras expectativas y pensamientos iniciales pueden moldear toda nuestra experiencia diaria.

El pensamiento positivo también tiene beneficios tangibles para la salud física. Numerosos estudios han demostrado que las personas con una perspectiva positiva tienden a tener una mejor salud cardiovascular, sistemas inmunológicos más fuertes y una mayor esperanza de vida. Un estudio famoso realizado por la Universidad de

Harvard encontró que los optimistas tenían un 50% menos de riesgo de morir prematuramente en comparación con los pesimistas. Esto se debe a que el estrés crónico, que a menudo acompaña a los pensamientos negativos, puede tener efectos dañinos en el cuerpo, como aumentar la presión arterial y debilitar el sistema inmunológico. Por lo tanto, cultivar el pensamiento positivo no solo mejora tu bienestar emocional, sino también tu salud física.

¿Cómo podemos desarrollar una mentalidad positiva? Aquí hay algunas estrategias prácticas:

1. Practica la Gratitud: Tómate un momento cada día para reflexionar sobre las cosas por las que estás agradecido. Pueden ser cosas grandes, como tener una familia amorosa, o cosas pequeñas, como disfrutar de una comida deliciosa. Anotar estas cosas en un diario de gratitud puede ayudarte a enfocarte en lo positivo.

2. Reformula tus Pensamientos Negativos: Cuando te encuentres con un pensamiento negativo, trata de reformularlo en algo positivo. Por ejemplo, en lugar de pensar "Soy terrible en esto", podrías pensar "Estoy aprendiendo y mejorando cada día". Este cambio de perspectiva puede hacer una gran diferencia en cómo te sientes.

3. Rodéate de Positividad: Pasa tiempo con personas que te apoyen y te motiven. Las emociones son contagiosas, y estar cerca de personas positivas puede elevar tu propio estado de ánimo. Además, consume contenido positivo, como libros inspiradores, películas motivadoras y música alegre.

4. Visualiza el Éxito: Dedica unos minutos cada día a visualizar tus metas y el éxito que deseas alcanzar. Imagina con detalle cómo te sentirás y qué harás cuando logres tus objetivos. Esta práctica puede aumentar tu motivación y confianza.

5. Mantén el Humor: No subestimes el poder de la risa. Encuentra tiempo para el humor y la diversión en tu vida diaria. Ver una comedia, contar chistes o simplemente recordar momentos divertidos puede ayudarte a mantener una perspectiva positiva.

Un ejemplo famoso de pensamiento positivo es la historia de Thomas Edison, el inventor de la bombilla eléctrica. Edison realizó más de mil intentos antes de perfeccionar su invención. En lugar de desanimarse por los fracasos, Edison dijo: "No fracasé, solo descubrí mil maneras de cómo no hacer una bombilla". Esta actitud positiva y perseverante le permitió seguir adelante hasta tener éxito.

Otra historia inspiradora es la de J.K. Rowling, la autora de la serie de Harry Potter. Antes de que sus libros se convirtieran en un fenómeno mundial, Rowling enfrentó numerosos rechazos por parte de las editoriales. Sin embargo, mantuvo una actitud positiva y persistente, creyendo en su historia y en su capacidad para tener éxito. Finalmente, su perseverancia y pensamiento positivo dieron frutos, y hoy en día es una de las autoras más exitosas del mundo.

El pensamiento positivo también juega un papel crucial en el ámbito deportivo. Los atletas a menudo usan técnicas de visualización y afirmaciones positivas para mejorar su rendimiento. Michael Jordan, considerado uno de los mejores jugadores de baloncesto de todos los tiempos, habló frecuentemente sobre la importancia de mantener una actitud positiva y confiar en uno mismo. Creer en su capacidad para tener éxito fue una parte integral de su entrenamiento y rendimiento.

En conclusión, el poder del pensamiento positivo es inmenso. No se trata de ignorar la realidad o los problemas, sino de elegir una perspectiva que nos permita enfrentarlos con optimismo y determinación. Al cultivar pensamientos positivos, podemos mejorar nuestro bienestar emocional, nuestra salud física y nuestra capacidad para alcanzar nuestras metas. Así como un jardín florece con el cuidado adecuado, nuestras vidas pueden florecer cuando nutrimos nuestra mente con pensamientos positivos. A medida que avancemos en este libro, seguiremos explorando técnicas y estrategias para fortalecer esta poderosa herramienta y transformar nuestro mundo interno y externo.

La Relación entre Emociones y Pensamientos

La mente humana es un lugar increíblemente complejo y fascinante, donde los pensamientos y las emociones están estrechamente entrelazados. Para entender cómo nuestras emociones y pensamientos se influyen mutuamente, imagina que están bailando un tango, moviéndose juntos en un ritmo constante y dinámico. Este capítulo explorará cómo este "baile" afecta nuestras vidas y cómo podemos aprender a dirigirlo de manera que nos beneficie.

Primero, es importante entender qué son los pensamientos y las emociones. Los pensamientos son ideas, recuerdos, creencias y percepciones que surgen en nuestra mente. Son como la voz interna que nos habla constantemente, comentando sobre lo que está sucediendo a nuestro alrededor y dentro de nosotros. Las emociones, por otro lado, son respuestas afectivas a los pensamientos y a los eventos que experimentamos. Pueden ser positivas, como la alegría y el amor, o negativas, como la tristeza y el miedo.

Un ejemplo claro de cómo los pensamientos afectan nuestras emociones es cuando estamos esperando una entrevista de trabajo. Si piensas "Estoy bien preparado y puedo hacer esto", es probable que te sientas confiado y tranquilo. Sin embargo, si piensas "Voy a fallar, no soy lo suficientemente bueno", puedes empezar a sentir ansiedad y miedo. Este ejemplo muestra cómo un simple cambio en nuestros pensamientos puede llevar a emociones completamente diferentes.

Las emociones también influyen en nuestros pensamientos. Cuando estamos felices, tendemos a ver el mundo de una manera más optimista. Las cosas pequeñas que normalmente nos molestarían pueden parecer menos importantes, y somos más propensos a tener pensamientos positivos. Por otro lado, cuando estamos tristes o enojados, es fácil caer en un ciclo de pensamientos negativos. Podemos recordar eventos pasados que nos hicieron sentir mal o preocuparnos excesivamente por el futuro.

Una manera en que nuestros pensamientos y emociones interactúan es a través de algo llamado "ciclo de retroalimentación". Imagina que tienes un pensamiento negativo, como "Nunca podré hacer esto bien". Este pensamiento puede hacerte sentir ansioso o triste. Estas emociones negativas, a su vez, pueden llevar a más pensamientos negativos, como "Soy un fracaso" o "No hay esperanza". Este ciclo puede continuar indefinidamente, haciéndonos sentir cada vez peor. Sin embargo, al reconocer y cambiar nuestros pensamientos negativos, podemos romper este ciclo y mejorar nuestras emociones.

Una técnica efectiva para gestionar la relación entre pensamientos y emociones es la reestructuración cognitiva. Esta técnica proviene de la terapia cognitivo-conductual (TCC) y consiste en identificar y cambiar los pensamientos negativos o irracionales. Por ejemplo, si te encuentras pensando "Soy terrible en mi trabajo", puedes desafiar ese pensamiento preguntándote "¿Qué evidencia tengo de que esto sea cierto? ¿Hay momentos en los que he tenido éxito?" Al reemplazar el pensamiento negativo con uno más equilibrado y realista, como "Tengo habilidades y he tenido éxitos en el pasado", puedes reducir la emoción negativa asociada.

Para hacer esto más claro, veamos un ejemplo cotidiano. Imagina que recibes un correo electrónico de tu jefe con críticas sobre un proyecto que has entregado. Tu pensamiento inicial podría ser "Soy un fracaso, no puedo hacer nada bien". Este pensamiento puede hacerte sentir deprimido y ansioso. Sin embargo, si aplicas la reestructuración cognitiva, podrías reconsiderar el pensamiento y pensar "Mi jefe me ha dado retroalimentación específica para mejorar. Esto no significa que soy un fracaso, sino que tengo áreas para crecer". Este nuevo pensamiento puede ayudarte a sentirte más motivado y menos abatido.

Otra herramienta útil es la práctica de la atención plena, o mindfulness. Esta técnica implica prestar atención a nuestros pensamientos y emociones en el momento presente, sin juzgarlos ni tratar de cambiarlos de inmediato. Al hacerlo, podemos observar cómo nuestros pensamientos afectan nuestras emociones y viceversa. Por ejemplo, si estás sintiendo ansiedad, puedes tomar un momento para notar qué pensamientos están presentes. Quizás te des cuenta de que estás preocupado por una presentación futura. Simplemente observando estos pensamientos y reconociendo su impacto en tus emociones puede ayudarte a sentirte más tranquilo y menos abrumado.

Las emociones también pueden influir en nuestras acciones y comportamientos. Si te sientes feliz y optimista, es más probable que tomes decisiones que te beneficien, como hacer ejercicio o socializar con amigos. Por el contrario, si te sientes triste o enojado, podrías optar por comportamientos menos saludables, como aislarte o comer en exceso. Este es otro ejemplo de cómo los pensamientos y emociones están conectados, ya que nuestros pensamientos pueden llevarnos a sentir de cierta manera, y esas emociones pueden influir en nuestras acciones.

Considera el ejemplo de alguien que se siente ansioso antes de una reunión importante. Sus pensamientos pueden estar llenos de dudas y preocupaciones, como "¿Y si cometo un error?" o "¿Qué pensarán de mí?" Estos pensamientos generan emociones de ansiedad y nerviosismo, que pueden llevar a comportamientos como evitar preparar la presentación adecuadamente o incluso tratar de evitar la reunión por completo. Sin embargo, si la persona puede cambiar sus pensamientos a algo más positivo y realista, como "He preparado bien, y puedo manejar cualquier pregunta", sus emociones de ansiedad pueden disminuir, llevándola a comportarse de manera más confiada y efectiva.

La relación entre emociones y pensamientos también se puede observar en nuestras interacciones sociales. Cuando pensamos positivamente sobre los demás, nuestras emociones hacia ellos suelen ser más cálidas y amistosas. Esto, a su vez, puede llevar a interacciones más positivas y enriquecedoras. Por ejemplo, si te acercas a un nuevo compañero de trabajo pensando "Parece alguien interesante y agradable", es probable que te sientas abierto y amigable, lo que puede llevar a una conversación agradable y a una buena relación laboral. Por el contrario, si piensas "No creo que me caiga bien", puedes sentirte distante y reservado, lo que puede dificultar la conexión.

En resumen, la relación entre emociones y pensamientos es profunda y compleja. Nuestros pensamientos pueden influir en cómo nos sentimos, y nuestras emociones pueden a su vez afectar nuestros pensamientos y comportamientos. Al aprender a reconocer y cambiar nuestros pensamientos negativos, podemos mejorar nuestras emociones y, en consecuencia, nuestras vidas. A medida que continuemos explorando estos conceptos en este libro, descubriremos más estrategias para tomar el control de esta interacción y utilizarla a nuestro favor. De esta manera, podremos crear una vida más equilibrada, feliz y satisfactoria.

Manejo del Estrés: Estrategias Psicológicas

El estrés es una parte inevitable de la vida moderna. Todos lo hemos sentido en algún momento: esa sensación de estar abrumado, preocupado o bajo presión. Puede provenir de muchas fuentes, como el trabajo, las relaciones, la salud o incluso el tráfico. Pero, aunque no siempre podemos evitar el estrés, sí podemos aprender a manejarlo de manera efectiva. En este capítulo, exploraremos diversas estrategias psicológicas para gestionar el estrés y mejorar nuestro bienestar.

Primero, es importante entender qué es el estrés. El estrés es la respuesta de nuestro cuerpo a una amenaza percibida, ya sea real o imaginaria. Cuando estamos estresados, nuestro cuerpo libera hormonas como el cortisol y la adrenalina, que nos preparan para "luchar o huir". Esta respuesta puede ser útil en situaciones de emergencia, pero si se activa con demasiada frecuencia, puede afectar negativamente nuestra salud física y mental.

Una estrategia fundamental para manejar el estrés es la identificación de las fuentes de estrés. Tómate un tiempo para reflexionar sobre qué situaciones, personas o actividades te causan más estrés. Anota estas fuentes en un diario. Por ejemplo, si te das cuenta de que el tráfico matutino te pone nervioso, podrías considerar alternativas como salir más temprano o usar transporte público. Al identificar las fuentes de estrés, puedes empezar a encontrar soluciones específicas para cada una.

Otra técnica útil es la práctica de la relajación profunda. Existen varias formas de relajación profunda, como la respiración profunda, la meditación y el yoga. La respiración profunda es especialmente sencilla y efectiva. Cuando te sientas estresado, intenta inhalar lenta y profundamente por la nariz, llenando completamente tus pulmones, y luego exhala lentamente por la boca. Repite este proceso varias veces. La respiración profunda ayuda a calmar el sistema nervioso y reduce la producción de hormonas del estrés.

La atención plena o mindfulness es otra herramienta poderosa para manejar el estrés. La atención plena consiste en enfocar tu mente en el momento presente, sin juzgar ni tratar de cambiar lo que sientes. Una forma simple de practicar la atención plena es sentarte en un lugar tranquilo y concentrarte en tu respiración, observando cómo entra y sale el aire de tu cuerpo. Si tu mente empieza a divagar, simplemente trae tu atención de vuelta a la respiración. Practicar la atención plena regularmente puede ayudarte a desarrollar una mayor capacidad para manejar el estrés cuando surge.

El ejercicio físico es una excelente manera de reducir el estrés. Cuando hacemos ejercicio, nuestro cuerpo libera endorfinas, que son sustancias químicas que nos hacen sentir bien. Además, el ejercicio puede actuar como una distracción positiva, ayudándonos a despejar la mente de preocupaciones. No necesitas correr una maratón; incluso una caminata diaria de 30 minutos puede marcar una gran diferencia en tu nivel de estrés.

Otra estrategia efectiva es el manejo del tiempo. A menudo, nos sentimos estresados porque tenemos demasiadas cosas que hacer y no sabemos por dónde empezar. Aprender a gestionar mejor nuestro tiempo puede reducir significativamente el estrés. Comienza por hacer una lista de tareas diarias, priorizando las más importantes. Usa un calendario o una aplicación para organizar tus actividades y establece límites claros para evitar sobrecargarte. No olvides incluir tiempo para el descanso y el ocio.

Las habilidades de resolución de problemas también son cruciales para manejar el estrés.

Cuando enfrentamos una situación estresante, es útil dividir el problema en partes más pequeñas y manejables. Por ejemplo, si estás estresado por un proyecto grande en el trabajo, desglósalo en tareas más pequeñas y asigna plazos específicos para cada una. Al abordar el problema paso a paso, puedes reducir la sensación de estar abrumado.

El apoyo social es fundamental para manejar el estrés. Hablar con amigos, familiares o colegas sobre lo que te preocupa puede ayudarte a sentirte comprendido y apoyado. No subestimes el poder de una buena conversación. A veces, simplemente expresar tus sentimientos puede aliviar el estrés. Además, recibir consejos o perspectivas de otros puede ayudarte a encontrar soluciones que no habías considerado.

También es importante cuidar de ti mismo a través del autocuidado. El autocuidado incluye cualquier actividad que hagas deliberadamente para cuidar tu salud mental, emocional y física. Esto puede incluir cosas simples como tomar un baño relajante, leer un buen libro, disfrutar de un hobby o pasar tiempo en la naturaleza. Priorizar el autocuidado te ayuda a recargar energías y estar mejor preparado para enfrentar el estrés.

La restructuración cognitiva es otra técnica efectiva. Consiste en cambiar la manera en que piensas sobre las situaciones estresantes. A menudo, nuestros pensamientos negativos pueden aumentar el estrés. Por ejemplo, si piensas "No puedo manejar esto", trata de cambiarlo a "Esto es difícil, pero puedo encontrar una manera de superarlo". Al cambiar tus pensamientos, puedes cambiar cómo te sientes y cómo respondes al estrés.

Finalmente, buscar ayuda profesional es una opción válida y efectiva. Si sientes que el estrés es abrumador y afecta significativamente tu vida, hablar con un terapeuta o consejero puede ser muy útil. Los profesionales pueden ofrecerte estrategias personalizadas y apoyo para manejar el estrés de manera más efectiva.

Veamos un ejemplo práctico para ilustrar estas estrategias. Imagina que Juan, un joven profesional, se siente estresado porque tiene un gran proyecto en el trabajo y no sabe por dónde empezar. Primero, identifica las fuentes de su estrés: el proyecto mismo y la falta de tiempo. Decide usar la técnica de manejo del tiempo y hace una lista de tareas, priorizándolas y estableciendo plazos. Luego, incorpora la práctica de la respiración profunda para calmarse cuando se siente abrumado. Además, decide empezar a hacer ejercicio diariamente, eligiendo caminar durante 30 minutos después del trabajo para despejar su mente. También se asegura de practicar el autocuidado, reservando tiempo para sus hobbies favoritos los fines de semana.

Juan también decide hablar con un amigo cercano sobre sus preocupaciones, encontrando apoyo y consejos útiles. Utiliza la restructuración cognitiva, cambiando sus pensamientos negativos de "Nunca terminaré este proyecto" a "Puedo manejarlo un paso a la vez". Finalmente, si siente que necesita más ayuda, considera buscar un terapeuta que pueda ofrecerle estrategias adicionales.

Al combinar estas estrategias, Juan encuentra que su nivel de estrés disminuye y se siente más capaz de manejar el proyecto de manera efectiva. Este ejemplo muestra cómo integrar varias técnicas puede ser beneficioso para controlar el estrés.

En conclusión, el manejo del estrés es esencial para vivir una vida saludable y equilibrada. Aunque no podemos eliminar el estrés por completo, aprender a gestionarlo puede mejorar significativamente nuestra calidad de vida. Al identificar las fuentes de estrés, practicar la relajación profunda, la atención plena, el ejercicio, el manejo del tiempo, la resolución de problemas, el apoyo social, el autocuidado, la restructuración cognitiva y buscar ayuda profesional cuando sea necesario, podemos desarrollar una caja de herramientas sólida para enfrentar el estrés con confianza. A medida que apliquemos estas estrategias, descubriremos que es posible vivir con menos estrés y más satisfacción.

El Papel de la Mente en la Ansiedad

La ansiedad es una emoción que todos experimentamos en algún momento de nuestras vidas. Es esa sensación de inquietud, preocupación o miedo que surge ante situaciones estresantes o desconocidas. Pero, ¿alguna vez te has preguntado por qué sentimos ansiedad y cómo nuestra mente juega un papel crucial en esta experiencia? En este capítulo, exploraremos cómo la mente influye en la ansiedad y qué podemos hacer para gestionar esta emoción de manera efectiva.

Primero, es importante entender qué es la ansiedad. La ansiedad es una respuesta natural de nuestro cuerpo ante situaciones percibidas como amenazantes. Esta respuesta ha evolucionado para ayudarnos a sobrevivir. Por ejemplo, nuestros antepasados experimentaban ansiedad cuando se encontraban con un depredador, lo que les ayudaba a prepararse para luchar o huir. Hoy en día, aunque no enfrentamos las mismas amenazas, nuestra mente sigue activando esta respuesta cuando percibimos peligro, incluso si es solo una presentación en el trabajo o un examen.

El papel de la mente en la ansiedad es crucial porque es nuestra mente la que interpreta las situaciones y decide si son amenazantes o no.

Por ejemplo, si estás caminando por un bosque y ves una sombra que se mueve, tu mente podría interpretarla como un animal peligroso, y esto puede desencadenar una respuesta de ansiedad. Sin embargo, si te das cuenta de que es solo el viento moviendo las ramas, la ansiedad disminuye. Este proceso de interpretación muestra cómo nuestros pensamientos y percepciones influyen directamente en nuestros niveles de ansiedad.

Una manera en que nuestra mente contribuye a la ansiedad es a través de los pensamientos automáticos negativos. Estos son pensamientos que surgen de manera espontánea y suelen ser irracionales o exagerados. Por ejemplo, si recibes un correo electrónico de tu jefe pidiendo hablar contigo, podrías pensar automáticamente "Voy a ser despedido" o "He hecho algo terrible". Estos pensamientos negativos aumentan la ansiedad porque anticipan el peor escenario posible, incluso si no hay evidencia que lo respalde.

Los sesgos cognitivos también juegan un papel en la ansiedad. Un sesgo cognitivo es una forma distorsionada de pensar que puede influir en cómo interpretamos las situaciones. Por ejemplo, el "pensamiento catastrófico" es un sesgo donde imaginamos que las cosas van a salir de la peor manera posible. Si tienes un pequeño dolor de cabeza, podrías pensar "Debe ser un tumor cerebral", lo que aumenta significativamente la ansiedad. Otro sesgo común es la "sobregeneralización", donde asumimos que si algo malo ocurrió una vez, ocurrirá siempre. Si fallaste en un examen, podrías pensar "Soy un fracaso y siempre fallaré", lo que genera más ansiedad sobre el futuro.

La evitación es otro aspecto importante de cómo la mente contribuye a la ansiedad. Cuando evitamos situaciones que nos causan ansiedad, en realidad estamos reforzando esa emoción. Por ejemplo, si tienes miedo de hablar en público y evitas hacerlo, nunca tendrás la oportunidad de enfrentar y superar ese miedo. La evitación puede dar un alivio temporal, pero a largo plazo, hace que la ansiedad sea más fuerte.

Entonces, ¿cómo podemos manejar la ansiedad entendiendo el papel de la mente? Aquí hay algunas estrategias:

1. Identificación de Pensamientos Negativos: El primer paso es tomar conciencia de los pensamientos negativos que están contribuyendo a tu ansiedad. Mantén un diario donde anotes tus pensamientos y las situaciones que los desencadenan. Esto te ayudará a identificar patrones y darte cuenta de cuándo estás cayendo en pensamientos automáticos negativos o sesgos cognitivos.

2. Desafiar los Pensamientos Negativos: Una vez que identifiques un pensamiento negativo, cuestiona su validez. Pregúntate: "¿Qué evidencia tengo de que esto es cierto? ¿Hay otra manera de ver esta situación?" Por ejemplo, si piensas "Voy a fracasar en mi examen", desafía ese pensamiento recordando otras veces que has tenido éxito y recordando que estás preparado.

3. Exposición Gradual: En lugar de evitar las situaciones que te causan ansiedad, intenta enfrentarlas de manera gradual. Si tienes miedo de hablar en público, comienza hablando en grupos pequeños y aumenta lentamente el tamaño de tu audiencia. La exposición gradual te ayudará a desensibilizarte a la fuente de ansiedad y a desarrollar confianza.

4. Técnicas de Relajación: Practicar técnicas de relajación, como la respiración profunda, la meditación o el yoga, puede ayudar a calmar tu mente y reducir los síntomas físicos de la ansiedad. Estas prácticas te enseñan a centrarte en el presente y a manejar mejor las respuestas de tu cuerpo al estrés.

5. Mindfulness o Atención Plena: La atención plena es una técnica que implica estar completamente presente en el momento, observando tus pensamientos y emociones sin juzgarlos. Al practicar la atención plena, puedes aprender a observar tus pensamientos ansiosos sin dejarte llevar por ellos. Por ejemplo, si sientes ansiedad, simplemente nota "Estoy sintiendo ansiedad" sin intentar luchar contra esa emoción. Esto puede ayudarte a reducir el poder que esos pensamientos tienen sobre ti.

6. Terapia Cognitivo-Conductual (TCC): La TCC es una forma de terapia que se enfoca en cambiar los patrones de pensamiento y comportamiento que contribuyen a la ansiedad. Trabajar con un terapeuta puede ayudarte a desarrollar estrategias específicas para manejar tus pensamientos ansiosos y a modificar comportamientos de evitación.

Un ejemplo práctico de cómo aplicar estas estrategias podría ser Ana, una estudiante universitaria que se siente ansiosa antes de sus exámenes. Ana comienza a notar que sus pensamientos negativos, como "Voy a fallar" y "No soy lo suficientemente inteligente", están aumentando su ansiedad. Decide llevar un diario para registrar estos pensamientos y descubre que tiende a pensar de manera catastrófica.

Ana empieza a desafiar estos pensamientos preguntándose: "¿Qué evidencia tengo de que voy a fallar? ¿He tenido éxito en exámenes anteriores?" Se da cuenta de que ha estudiado mucho y ha tenido buenas notas en el pasado. También decide practicar la exposición gradual, comenzando con exámenes pequeños y poco a poco enfrentando exámenes más grandes. Además, Ana incorpora técnicas de relajación como la respiración profunda y la meditación en su rutina diaria.

Con el tiempo, Ana observa que sus niveles de ansiedad disminuyen y se siente más confiada. Este ejemplo muestra cómo, al comprender y abordar el papel de la mente en la ansiedad, podemos aprender a manejar esta emoción de manera más efectiva.

En conclusión, la mente juega un papel crucial en la experiencia de la ansiedad. Nuestros pensamientos, percepciones y comportamientos pueden aumentar o disminuir nuestros niveles de ansiedad. Al identificar y desafiar los pensamientos negativos, practicar la exposición gradual, usar técnicas de relajación y considerar la ayuda profesional, podemos desarrollar estrategias efectivas para manejar la ansiedad. A medida que avancemos en este libro, exploraremos más herramientas y técnicas para fortalecer nuestra mente y vivir una vida con menos ansiedad y más bienestar.

Depresión: Comprendiendo y Superando

La depresión es una de las condiciones de salud mental más comunes y a la vez más incomprendidas. Afecta a millones de personas en todo el mundo, causando una profunda tristeza y una pérdida de interés en actividades que solían ser placenteras. Pero la depresión es mucho más que simplemente sentirse triste. En este capítulo, exploraremos qué es la depresión, cómo afecta nuestra mente y cuerpo, y qué estrategias podemos utilizar para superarla.

Primero, ¿qué es exactamente la depresión? La depresión es un trastorno del estado de ánimo que provoca una sensación persistente de tristeza y pérdida de interés. Afecta cómo te sientes, piensas y manejas las actividades diarias. Puede interferir con tu capacidad para trabajar, dormir, estudiar, comer y disfrutar de la vida. Los síntomas pueden variar de leves a graves y pueden incluir:

- Sentimientos de tristeza, vacío o desesperanza.
- Pérdida de interés o placer en actividades que antes disfrutabas.
- Cambios en el apetito, que pueden llevar a la pérdida o aumento de peso.
- Problemas para dormir o dormir demasiado.
- Pérdida de energía o fatiga.
- Sentimientos de inutilidad o culpa excesiva.

- Dificultad para concentrarse o tomar decisiones.
- Pensamientos de muerte o suicidio.

Es importante notar que la depresión no es una señal de debilidad ni algo que puedas superar simplemente "poniéndole ganas". Es una condición médica que requiere tratamiento y apoyo.

La depresión tiene múltiples causas. Puede ser provocada por una combinación de factores genéticos, biológicos, ambientales y psicológicos. Por ejemplo, un historial familiar de depresión puede aumentar tu riesgo, así como los desequilibrios químicos en el cerebro. Eventos estresantes de la vida, como la pérdida de un ser querido, problemas financieros o conflictos en las relaciones, también pueden desencadenar la depresión. Además, ciertas personalidades, especialmente aquellas que tienden a ser muy autocríticas o pesimistas, pueden ser más susceptibles a la depresión.

El papel de la mente en la depresión es fundamental. Nuestros pensamientos y percepciones pueden influir enormemente en cómo nos sentimos. La depresión a menudo se acompaña de pensamientos negativos automáticos, como "No soy bueno en nada" o

"Nada va a mejorar nunca". Estos pensamientos pueden volverse cíclicos y autorefuerzantes, profundizando la sensación de desesperanza y tristeza. Además, la depresión puede distorsionar nuestra percepción, haciéndonos ver el mundo y a nosotros mismos de una manera mucho más negativa de lo que realmente es.

Entonces, ¿cómo podemos superar la depresión? Aquí hay algunas estrategias clave:

1. Reconocer y Aceptar: El primer paso para superar la depresión es reconocer y aceptar que estás luchando con esta condición. No te culpes ni te sientas avergonzado. La depresión es una enfermedad real y común, y pedir ayuda es un signo de fortaleza, no de debilidad.

2. Buscar Apoyo: Hablar con amigos, familiares o un terapeuta sobre tus sentimientos puede ser muy útil. A veces, solo expresar lo que sientes puede aliviar un poco el peso de la depresión. Además, el apoyo social puede proporcionarte diferentes perspectivas y ayudarte a sentirte menos solo.

3. Terapia: La terapia cognitivo-conductual (TCC) es una forma efectiva de tratamiento para la depresión. La TCC te ayuda a identificar y cambiar los patrones de pensamiento negativos y comportamientos que contribuyen a la depresión. Un terapeuta capacitado puede trabajar contigo para desarrollar estrategias y habilidades para manejar tus síntomas.

4. Medicación: En algunos casos, los antidepresivos pueden ser necesarios para ayudar a equilibrar los químicos en tu cerebro. Es importante hablar con un médico o psiquiatra para determinar si la medicación es adecuada para ti y cuál sería la mejor opción. Los antidepresivos pueden tardar varias semanas en hacer efecto, así que ten paciencia y sigue las indicaciones de tu médico.

5. Estilo de Vida Saludable: Mantener un estilo de vida saludable puede tener un impacto positivo en tu estado de ánimo. Esto incluye hacer ejercicio regularmente, comer una dieta balanceada, y asegurarte de dormir lo suficiente. El ejercicio, en particular, puede aumentar la producción de endorfinas, que son sustancias químicas en el cerebro que te hacen sentir bien.

6. Establecer Rutinas: La depresión puede hacer que te sientas desorganizado y fuera de control. Establecer una rutina diaria puede ayudarte a estructurar tu tiempo y proporcionarte un sentido de propósito. Intenta planificar actividades que disfrutes y que te mantengan ocupado.

7. Practicar la Gratitud: A veces, la depresión puede hacer que nos enfoquemos solo en lo negativo. Practicar la gratitud implica tomarte un tiempo cada día para reflexionar sobre las cosas buenas en tu vida, por pequeñas que sean. Esto puede ayudarte a cambiar tu enfoque y mejorar tu estado de ánimo.

8. Evitar el Aislamiento: Aunque puede ser tentador aislarse cuando estás deprimido, el contacto social es crucial. Trata de mantenerte en contacto con amigos y familiares, incluso si es solo a través de mensajes o llamadas telefónicas. Participar en actividades grupales o voluntariados también puede ayudarte a sentirte más conectado y menos solo.

9. Mindfulness y Meditación: Estas prácticas pueden ayudarte a centrarte en el momento presente y reducir el estrés. La meditación de atención plena, en particular, puede ayudarte a observar tus pensamientos sin juzgarlos, lo que puede reducir la rumiación y los pensamientos negativos.

Veamos un ejemplo para ilustrar cómo estas estrategias pueden funcionar en la vida real. Imagina a Marta, una mujer que ha estado sintiendo una profunda tristeza y falta de interés en las cosas que antes disfrutaba. Se siente agotada todo el tiempo y tiene dificultad para concentrarse en su trabajo. Reconociendo que estos no son solo días malos, sino síntomas de algo más serio, Marta decide buscar ayuda.

Primero, habla con su familia y amigos sobre cómo se siente. Ellos le ofrecen apoyo y la animan a ver a un terapeuta. Marta comienza la terapia cognitivo-conductual, donde aprende a identificar y desafiar sus pensamientos negativos. Por ejemplo, cuando piensa "Soy un fracaso", su terapeuta la ayuda a ver la evidencia de sus éxitos pasados y a replantear su pensamiento a algo más realista como "He tenido dificultades, pero también he logrado muchas cosas".

Marta también consulta a un médico, quien le prescribe antidepresivos para ayudar a equilibrar los químicos en su cerebro. Acepta que la medicación puede ser una parte necesaria de su recuperación y sigue las indicaciones de su médico.

Además, Marta decide hacer algunos cambios en su estilo de vida. Comienza a caminar todas las mañanas, lo que le da energía y mejora su estado de ánimo. Se asegura de comer bien y dormir lo suficiente. También empieza a llevar un diario de gratitud, anotando tres cosas por las que está agradecida cada día. Esto le ayuda a enfocarse en los aspectos positivos de su vida.

Finalmente, Marta se une a un grupo de voluntarios en su comunidad, lo que le proporciona una sensación de propósito y conexión social. Con el tiempo, Marta nota una mejoría en su estado de ánimo y su capacidad para manejar el estrés.

Este ejemplo de Marta muestra cómo una combinación de estrategias puede ayudar a superar la depresión. No hay una solución única para todos, y a menudo se necesita un enfoque multifacético para gestionar esta condición compleja.

En conclusión, la depresión es una enfermedad seria pero tratable. Al entender cómo nuestra mente contribuye a la depresión y al implementar estrategias para cambiar nuestros pensamientos y comportamientos, podemos comenzar a superar esta condición. Buscar apoyo, tanto profesional como personal, y hacer cambios positivos en nuestro estilo de vida son pasos cruciales en este proceso. A medida que avances en tu camino, recuerda que no estás solo y que la recuperación es posible.

Autoestima y Autoconcepto

La autoestima y el autoconcepto son dos aspectos fundamentales de nuestra psicología que influyen profundamente en cómo nos vemos a nosotros mismos y en cómo interactuamos con el mundo. Pero, ¿qué significan realmente estos términos y por qué son tan importantes? En este capítulo, exploraremos en detalle la autoestima y el autoconcepto, su impacto en nuestras vidas y cómo podemos cultivarlos de manera positiva.

Primero, definamos estos conceptos. Autoestima se refiere a la valoración que tenemos de nosotros mismos. Es cómo nos sentimos respecto a nuestras capacidades, nuestra apariencia y nuestro valor como personas. Una autoestima saludable implica un equilibrio entre reconocer nuestras fortalezas y aceptar nuestras debilidades sin que estas últimas nos definan por completo.

Por otro lado, el autoconcepto es la imagen que tenemos de nosotros mismos. Es una colección de creencias sobre quiénes somos, incluyendo nuestras características físicas, nuestras habilidades y nuestras personalidades. Mientras que la autoestima está más relacionada con el sentimiento de valor personal, el autoconcepto abarca una visión más amplia de nuestra identidad.

La relación entre autoestima y autoconcepto es estrecha. Imagina que el autoconcepto es como un espejo que refleja quién eres, mientras que la autoestima es el juicio que haces de lo que ves en ese espejo. Si te ves a ti mismo de manera positiva y realista, es probable que tengas una buena autoestima. Si, en cambio, te centras en tus defectos o te comparas constantemente con los demás, tu autoestima puede sufrir.

Para entender mejor estos conceptos, veamos algunos ejemplos. Supongamos que Ana es una estudiante de secundaria que se considera buena en matemáticas y tiene una actitud positiva hacia sus habilidades académicas. Esta creencia forma parte de su autoconcepto. Debido a que se valora por sus capacidades, tiene una alta autoestima en el ámbito académico. Sin embargo, si Ana empieza a compararse con un compañero que es excelente en matemáticas y comienza a sentirse inferior, su autoestima podría disminuir, aunque su autoconcepto (ser buena en matemáticas) no haya cambiado.

El impacto de la autoestima y el autoconcepto en nuestras vidas es profundo. La autoestima afecta cómo enfrentamos los desafíos y cómo nos relacionamos con los demás. Las personas con alta autoestima tienden a ser más seguras, resilientes y dispuestas a tomar riesgos. Por el contrario, una baja autoestima puede llevar a la inseguridad, el miedo al fracaso y la evitación de nuevas experiencias.

El autoconcepto, por su parte, influye en nuestras expectativas y comportamientos. Si te ves a ti mismo como una persona capaz y competente, es más probable que te enfrentes a los desafíos con confianza. Sin embargo, si tu autoconcepto está lleno de dudas y percepciones negativas, puedes limitarte y no alcanzar tu verdadero potencial.

Entonces, ¿cómo podemos mejorar nuestra autoestima y desarrollar un autoconcepto saludable? Aquí hay algunas estrategias clave:

1. **Autoconocimiento:** El primer paso es conocerte a ti mismo. Dedica tiempo a reflexionar sobre tus fortalezas, tus debilidades, tus intereses y tus valores. Mantén un diario donde anotes tus pensamientos y sentimientos. Esta práctica te ayudará a entender quién eres y a construir una imagen más clara y completa de ti mismo.

2. **Aceptación y Compasión:** Aprende a aceptar tanto tus fortalezas como tus debilidades. Nadie es perfecto, y está bien tener áreas en las que necesitas mejorar. Trata de ser compasivo contigo

mismo, como lo serías con un amigo cercano. La autocompasión implica ser amable contigo mismo en momentos de fracaso o dificultad, en lugar de ser crítico o duro.

3. Establecer Metas Realistas: Establecer y alcanzar metas puede mejorar tu autoconcepto y autoestima. Asegúrate de que tus metas sean realistas y alcanzables. Divide los objetivos grandes en pasos más pequeños y celebra tus logros a lo largo del camino. Esto te ayudará a construir confianza y a sentirte más competente.

4. Evitar Comparaciones: Compararse con los demás puede ser destructivo para la autoestima. Recuerda que cada persona tiene su propio camino y sus propias luchas. En lugar de compararte con los demás, concéntrate en tu propio progreso y en tus propios logros.

5. Afirmaciones Positivas: Utiliza afirmaciones positivas para cambiar tu diálogo interno. Por ejemplo, en lugar de decirte a ti mismo "No soy bueno en esto", di "Estoy aprendiendo y mejorando cada día". Las afirmaciones positivas pueden ayudarte a reprogramar tu mente para que piense de manera más constructiva y optimista.

6. Rodearse de Influencias Positivas: Las personas con las que te rodeas pueden influir en tu autoestima. Rodéate de personas que te apoyen y te animen a ser tu mejor versión. Evita a aquellos que constantemente te critican o te hacen sentir mal contigo mismo.

7. Cuidado Personal: Practicar el autocuidado es crucial para mantener una buena autoestima. Esto incluye cuidar de tu salud física, emocional y mental. Asegúrate de descansar lo suficiente, comer de manera saludable, hacer ejercicio y participar en actividades que disfrutes y que te relajen.

8. Buscar Ayuda Profesional: Si sientes que tu autoestima es muy baja y no puedes mejorarla por ti mismo, considera buscar la ayuda de un profesional. Los terapeutas pueden ofrecerte herramientas y técnicas específicas para trabajar en tu autoestima y autoconcepto.

Un ejemplo práctico de cómo aplicar estas estrategias podría ser el caso de Carlos, un joven que se siente inseguro sobre su apariencia y sus habilidades sociales. Carlos decide trabajar en su autoconcepto y autoestima siguiendo estos pasos:

Primero, comienza un diario donde anota sus pensamientos y sentimientos. A través de esta reflexión, descubre que a menudo se compara con amigos que considera más atractivos y exitosos socialmente. Al darse cuenta de esto, Carlos decide enfocarse en sus propias cualidades y logros, en lugar de compararse con los demás.

Luego, Carlos comienza a practicar afirmaciones positivas cada mañana, diciéndose a sí mismo cosas como "Soy una persona valiosa y tengo muchas cualidades positivas". También se propone metas realistas para mejorar sus habilidades sociales, como iniciar una conversación con alguien nuevo cada semana.

Para rodearse de influencias positivas, Carlos se une a un club de lectura donde conoce a personas que comparten sus intereses y le brindan apoyo. Además, decide cuidar mejor de sí mismo, adoptando una rutina de ejercicio regular y dedicando tiempo a hobbies que disfruta, como la pintura.

Con el tiempo, Carlos nota una mejora en cómo se siente consigo mismo. Su autoestima aumenta y su autoconcepto se vuelve más positivo y equilibrado. Este ejemplo muestra cómo, al implementar estrategias específicas, es posible desarrollar una autoestima saludable y un autoconcepto fuerte.

En conclusión, la autoestima y el autoconcepto son pilares esenciales de nuestra salud mental y bienestar. Al comprender y trabajar en estos aspectos, podemos mejorar nuestra relación con nosotros mismos y con el mundo que nos rodea. El autoconocimiento, la aceptación, el establecimiento de metas realistas, evitar comparaciones, usar afirmaciones positivas, rodearse de influencias positivas, practicar el autocuidado y buscar ayuda profesional son estrategias efectivas para cultivar una autoestima saludable y un autoconcepto positivo. A medida que trabajes en estos aspectos, descubrirás una mayor confianza en ti mismo y una vida más plena y satisfactoria.

El Poder de la Visualización

La visualización es una herramienta poderosa que todos tenemos a nuestra disposición, aunque muchos de nosotros no nos damos cuenta de su potencial. Es una técnica utilizada por atletas, empresarios y personas de todos los ámbitos de la vida para alcanzar sus metas y mejorar su bienestar. En este capítulo, exploraremos qué es la visualización, cómo funciona y cómo puedes usarla para transformar tu vida de manera positiva.

La visualización es el proceso de imaginar algo con tanto detalle y claridad como sea posible. Es como crear una película en tu mente donde eres el protagonista y todo sucede exactamente como lo deseas. Puede parecer una técnica simple, pero la visualización tiene una base científica que la respalda. Nuestro cerebro no distingue bien entre una experiencia real y una imaginada vívidamente, lo que significa que visualizar algo puede tener efectos similares a experimentarlo en la realidad.

Para entender mejor cómo funciona, pensemos en un ejemplo sencillo. Imagina que estás a punto de dar un discurso importante. Te sientes nervioso y preocupado por cómo te irá. Ahora, cierra los ojos y empieza a visualizar. Imagina cada detalle: el escenario, el público, el sonido de tu voz resonando con confianza. Visualízate entregando el discurso con calma y claridad, viendo las expresiones de aprobación en los rostros de tu audiencia. Si practicas esta visualización repetidamente, tu cerebro comenzará a asociar el acto de hablar en público con una sensación de éxito y seguridad, lo que puede ayudarte a reducir la ansiedad y mejorar tu desempeño real.

La visualización no solo es útil para reducir el estrés y la ansiedad; también puede ayudarte a alcanzar tus objetivos. Los atletas, por ejemplo, la utilizan para mejorar su rendimiento. Michael Phelps, el famoso nadador olímpico, ha hablado sobre cómo visualiza cada detalle de sus carreras, desde la sensación del agua hasta la ejecución perfecta de cada movimiento. Este nivel de preparación mental le permite competir con mayor confianza y precisión.

Veamos otro ejemplo, esta vez en el ámbito personal. Supongamos que estás tratando de mejorar tu salud y quieres empezar a hacer ejercicio regularmente. La visualización puede ser una herramienta clave para mantenerte motivado y enfocado. Cada día, antes de salir a correr, tómate unos minutos para cerrar los ojos e imaginar tu rutina de ejercicio. Visualízate corriendo con energía, sintiendo el viento en tu cara y la fuerza en tus piernas. Imagina la sensación de logro cuando terminas tu carrera y el impacto positivo en tu salud y bienestar. Este proceso de visualización puede ayudarte a mantenerte comprometido con tu objetivo, especialmente en los días en que sientas menos motivación.

Entonces, ¿cómo puedes empezar a practicar la visualización de manera efectiva? Aquí hay algunos pasos que puedes seguir:

1. Encuentra un Lugar Tranquilo: Busca un lugar donde no te distraigan y puedas relajarte completamente. Puede ser una habitación tranquila en tu casa, un parque, o incluso tu coche estacionado en un lugar seguro.

2. Relájate y Respira Profundamente: Antes de empezar a visualizar, tómate unos minutos para relajarte y centrarte. Cierra los ojos y respira profundamente, inhalando por la nariz y exhalando por la boca. Este proceso te ayudará a calmar tu mente y a prepararte para la visualización.

3. Imagina con Detalle: Comienza a visualizar tu objetivo o situación con tanto detalle como sea posible. Usa todos tus sentidos: imagina cómo se ve, cómo suena, cómo huele, cómo sabe y cómo se siente. Cuanto más vívida sea tu imagen mental, más efectiva será la visualización.

4. Sé Positivo y Específico: Enfócate en lo que quieres lograr, no en lo que quieres evitar. Por ejemplo, en lugar de visualizarte no cometiendo errores, imagínate ejecutando tu tarea perfectamente. Sé específico acerca de tus metas y resultados deseados.

5. Practica Regularmente: La visualización es más efectiva cuando se practica regularmente. Intenta dedicar unos minutos cada día a esta técnica. Puede ser por la mañana al despertar, durante tu almuerzo o antes de dormir.

6. Combina la Visualización con la Acción: La visualización es una herramienta poderosa, pero debe combinarse con la acción. Usa tus visualizaciones como motivación para tomar pasos concretos hacia tus objetivos. Por ejemplo, si visualizas tener éxito en una presentación, asegúrate de preparar y practicar adecuadamente.

Un ejemplo práctico de cómo la visualización puede cambiar tu vida es el de Laura, una joven que quería correr su primer maratón. Laura se sentía intimidada por la distancia y la duración de la carrera, pero decidió utilizar la visualización como parte de su entrenamiento. Cada noche antes de dormir, cerraba los ojos y se imaginaba corriendo la maratón. Visualizaba el recorrido, la emoción de la multitud, y la sensación de cruzar la línea de meta. Esta práctica diaria no solo la motivó a seguir entrenando, sino que también le dio la confianza para creer que podía lograrlo. El día de la carrera, Laura no solo completó el maratón, sino que también lo hizo con una energía y una determinación que había cultivado a través de sus visualizaciones.

La visualización también puede ser útil en situaciones más cotidianas. Imagina que tienes una entrevista de trabajo importante. Además de prepararte revisando tus habilidades y experiencia, puedes usar la visualización para reducir la ansiedad y aumentar tu confianza. Tómate unos minutos para cerrar los ojos y visualizar la entrevista. Imagina entrar en la sala con confianza, saludar al entrevistador con una sonrisa y responder a las preguntas con claridad y seguridad. Esta práctica puede ayudarte a sentirte más preparado y tranquilo durante la entrevista real.

Además de su uso en el logro de objetivos específicos, la visualización puede mejorar tu bienestar general. Practicar la visualización de escenarios positivos y relajantes puede reducir el estrés y aumentar tus niveles de felicidad. Por ejemplo, puedes visualizarte en tu lugar favorito, como una playa tranquila o un bosque sereno, cada vez que te sientas abrumado. Este ejercicio mental puede tener un efecto calmante y ayudarte a manejar mejor el estrés diario.

En conclusión, la visualización es una técnica simple pero extremadamente poderosa que puede transformar tu vida. Al imaginar detalladamente tus metas y experiencias deseadas, puedes influir positivamente en tu mente y en tus acciones. Recuerda que la clave está en la práctica regular y en combinar la visualización con pasos concretos hacia tus objetivos. Ya sea que estés preparándote para un evento importante, trabajando en un objetivo personal o simplemente buscando mejorar tu bienestar general, la visualización puede ser una herramienta valiosa en tu arsenal. ¡Empieza a visualizar hoy mismo y observa cómo tu vida comienza a cambiar para mejor!

Mindfulness y Meditación

El mindfulness y la meditación son prácticas ancestrales que han ganado popularidad en el mundo moderno como herramientas efectivas para reducir el estrés, mejorar la concentración y promover el bienestar emocional. En este capítulo, exploraremos qué significa realmente el mindfulness y la meditación, cómo pueden beneficiarte y cómo puedes integrar estas prácticas en tu vida diaria de manera sencilla y efectiva.

¿Qué es el Mindfulness?

Mindfulness, o atención plena, es la práctica de estar consciente y presente en el momento presente, sin juzgarlo ni reaccionar ante él. Se trata de prestar atención deliberadamente a tus pensamientos, emociones, sensaciones físicas y al entorno que te rodea. En lugar de estar atrapado en preocupaciones sobre el pasado o el futuro, el mindfulness te invita a experimentar el presente con una aceptación amable y una mente abierta.

Para entender mejor el concepto, imagina que estás comiendo una fruta. En lugar de comerla rápidamente mientras te distraes con otras cosas, practicar mindfulness significaría saborear cada bocado con plena conciencia. Notarías la textura, el sabor, el aroma y las sensaciones en tu boca. Estarías completamente presente en la experiencia de comer, sin pensar en lo que hiciste antes o lo que harás después.

Beneficios del Mindfulness

Los beneficios del mindfulness son amplios y respaldados por la investigación científica. Algunos de los beneficios incluyen:

- Reducción del estrés y la ansiedad: El mindfulness ayuda a reducir la activación del sistema nervioso simpático, responsable de la respuesta de "lucha o huida", lo que lleva a una reducción del estrés y la ansiedad.

- Mejora de la concentración y la atención: Practicar mindfulness fortalece la capacidad de concentrarse en una tarea específica sin distraerse fácilmente por pensamientos irrelevantes.

- Regulación emocional: Te ayuda a reconocer tus emociones sin ser arrastrado por ellas, lo que promueve una respuesta más equilibrada a situaciones estresantes.

- Mayor bienestar emocional: Fomenta una actitud más positiva hacia la vida y una mayor satisfacción con las experiencias cotidianas.

¿Qué es la Meditación?

La meditación es una práctica específica dentro del mindfulness que implica entrenar la mente para alcanzar un estado de conciencia profunda y tranquilidad. Aunque hay muchas formas de meditación, la más común es sentarse en silencio con los ojos cerrados y centrarse en la respiración o en un mantra (una palabra o frase repetida).

Tipos de Meditación:

1. Meditación de Atención Plena (Mindfulness): Consiste en estar presente en el momento actual, observando los pensamientos y sensaciones sin juzgar.

2. Meditación Transcendental: Se centra en repetir un mantra específico para alcanzar un estado de conciencia más elevado.

3. Meditación Zen: Basada en la tradición budista, implica sentarse en silencio y observar los pensamientos y sensaciones que surgen sin aferrarse a ellos.

Cómo Practicar Mindfulness y Meditación

Puedes comenzar incorporando mindfulness y meditación en tu rutina diaria de las siguientes maneras:

- Práctica Formal de Meditación: Dedica unos minutos cada día para sentarte en un lugar tranquilo, cerrar los ojos y enfocarte en tu respiración. Nota cómo entra y sale el aire de tus pulmones. Cuando tu mente divague (y lo hará), simplemente regresa suavemente tu atención a tu respiración.

- Mindfulness en la Vida Diaria: Practica la atención plena durante actividades cotidianas como lavarte los dientes, caminar o comer. En lugar de hacerlo automáticamente, presta atención a cada movimiento y sensación.

- Aplicaciones y Recursos: Utiliza aplicaciones de mindfulness y meditación guiada que te proporcionen estructura y guía durante tus sesiones.

- Grupos de Apoyo: Únete a grupos de mindfulness locales o en línea donde puedas practicar con otras personas y compartir experiencias.

Ejemplo Práctico

Imagina a María, una profesional ocupada que lidia con altos niveles de estrés en el trabajo. María decide integrar mindfulness en su vida diaria para manejar mejor el estrés. Durante su almuerzo, en lugar de comer rápidamente frente a su computadora, decide practicar mindfulness. Apaga su teléfono, se sienta en un lugar tranquilo y come su comida lentamente, saboreando cada bocado. Mientras come, se concentra en las sensaciones de su cuerpo, en cómo se siente cada bocado y en el sabor de los alimentos.

Al principio, le resulta difícil mantenerse concentrada y su mente se distrae con pensamientos sobre las reuniones futuras y los plazos de entrega. Sin embargo, cada vez que esto sucede, María gentilmente vuelve su atención a su comida y a su respiración. Con el tiempo, notó que se sentía más relajada y menos estresada después del almuerzo. Esta práctica diaria de mindfulness no solo mejoró su enfoque y su capacidad para manejar el estrés, sino que también la ayudó a disfrutar más de sus comidas y a sentirse más presente en su vida cotidiana.

En resumen, el mindfulness y la meditación son herramientas poderosas que pueden mejorar significativamente tu bienestar físico, mental y emocional. Al practicar la atención plena y la meditación regularmente, puedes cultivar una mayor conciencia de ti mismo y del mundo que te rodea, reducir el estrés, mejorar tu concentración y promover una mayor satisfacción en tu vida. Intégralas de manera gradual en tu rutina diaria y observa cómo transforman positivamente tu experiencia y tu perspectiva.

La Influencia de las Creencias Limitantes

Las creencias limitantes son ideas o pensamientos que tenemos sobre nosotros mismos, los demás o el mundo que nos limitan de alguna manera. Pueden surgir de experiencias pasadas, mensajes recibidos durante la infancia, o incluso de comparaciones con otros. En este capítulo, exploraremos qué son las creencias limitantes, cómo afectan nuestras vidas y qué podemos hacer para superarlas y liberar nuestro potencial completo.

¿Qué son las Creencias Limitantes?

Las creencias limitantes son como gafas a través de las cuales vemos el mundo. Pueden manifestarse en formas como "No soy lo suficientemente bueno", "Nunca tendré éxito", o "No merezco ser feliz". Estas creencias pueden limitar nuestras acciones, restringir nuestras metas y afectar nuestra autoestima y bienestar general. A menudo operan en un nivel subconsciente, influyendo en cómo interpretamos las situaciones y cómo nos comportamos en consecuencia.

Ejemplos de Creencias Limitantes

Imagina a Juan, un joven que siempre ha querido aprender a tocar el piano. Sin embargo, desde pequeño, su familia siempre le decía que no tenía talento musical y que era mejor enfocarse en otras cosas. Esta repetición constante de mensajes negativos creó en Juan una creencia limitante: "No tengo habilidad para la música". Aunque en realidad podría tener potencial para aprender, esta creencia limitante le impide siquiera intentarlo por miedo al fracaso o la crítica.

Otro ejemplo podría ser María, una profesional exitosa en su carrera pero que tiene miedo de asumir roles de liderazgo más altos. A pesar de tener las habilidades y la experiencia necesaria, María tiene una creencia limitante arraigada en su mente: "No soy lo suficientemente competente para liderar". Esta creencia limita su capacidad para avanzar en su carrera y alcanzar su máximo potencial profesional.

Cómo las Creencias Limitantes nos Afectan

Las creencias limitantes tienen un impacto significativo en nuestras vidas de varias maneras:

- Limitan nuestras metas y aspiraciones: Nos impiden establecer objetivos ambiciosos y perseguir nuestros sueños más grandes porque creemos que no somos capaces de lograrlos.

- Fomentan el auto-sabotaje: Nos llevan a comportamientos que refuerzan nuestras creencias limitantes, como procrastinar, evitar desafíos o sabotear nuestras propias oportunidades de éxito.

- Afectar la autoestima: Las creencias limitantes pueden minar nuestra confianza en nosotros mismos y llevarnos a menospreciar nuestras habilidades y logros.

- Influyen en nuestras relaciones: Pueden limitar nuestras interacciones sociales y afectar nuestras relaciones personales y profesionales. Por ejemplo, alguien con la creencia limitante de "No soy digno de amor" puede tener dificultades para establecer relaciones íntimas y satisfactorias.

Superando las Creencias Limitantes

Superar las creencias limitantes es un proceso gradual pero transformador que implica introspección, autoconciencia y acción consciente:

1. Identificar las Creencias Limitantes: El primer paso es reconocer qué creencias limitantes están operando en tu vida. Observa tus pensamientos y cómo te hablas a ti mismo en situaciones

desafiantes o cuando te enfrentas a nuevas oportunidades.

2. Cuestionar las Creencias Limitantes: Una vez identificadas, cuestiona la validez de estas creencias. ¿Hay evidencia real que las respalde o son simplemente percepciones basadas en experiencias pasadas? Pregúntate a ti mismo si estas creencias son útiles o si te están limitando innecesariamente.

3. Cambio de Perspectiva: Desafía activamente tus creencias limitantes reemplazándolas con pensamientos más positivos y constructivos. Por ejemplo, si crees "No soy lo suficientemente inteligente", cámbialo por "Estoy aprendiendo y mejorando cada día".

4. Práctica de la Autoaceptación: Cultiva la comprensión y la aceptación de ti mismo tal como eres, con tus fortalezas y áreas de mejora. Reconoce que todos tenemos limitaciones y que el crecimiento personal implica enfrentar y superar esos desafíos.

5. Visualización y Afirmaciones Positivas: Utiliza técnicas como la visualización y las afirmaciones positivas para reforzar una nueva mentalidad. Visualiza el éxito en tus metas y repite

afirmaciones que refuercen tu autoconfianza y valía personal.

6. Busca Apoyo y Recursos: No tengas miedo de buscar apoyo profesional, como terapeutas o coaches, que puedan ayudarte a identificar y trabajar en tus creencias limitantes de manera más efectiva.

Ejemplo de Superación de Creencias Limitantes

Imaginemos a Ana, una joven que siempre ha soñado con iniciar su propio negocio, pero que constantemente se dice a sí misma: "No soy lo suficientemente valiente para emprender". Después de darse cuenta de que esta creencia la estaba deteniendo, Ana decidió desafiarla. Comenzó a asistir a talleres de desarrollo personal, donde aprendió sobre la importancia del autoconocimiento y la autoaceptación. Practicó la visualización diaria de su negocio exitoso y repitió afirmaciones positivas como "Soy una emprendedora valiente y capaz".

Con el tiempo, Ana comenzó a ver cambios en su actitud y comportamiento. Tomó pequeños pasos hacia su sueño, como investigar el mercado, desarrollar un plan de negocios y establecer contactos con otros emprendedores. A medida que su confianza crecía, las barreras que había creado en su mente comenzaron a desmoronarse. Finalmente, Ana lanzó su negocio con éxito y se convirtió en una inspiración para otros que también luchan con creencias limitantes.

En conclusión, las creencias limitantes son obstáculos que pueden restringir nuestro crecimiento personal y profesional. Sin embargo, con conciencia, trabajo duro y un cambio de mentalidad positivo, podemos liberarnos de estas limitaciones autoimpuestas y alcanzar nuestro verdadero potencial. Acepta el desafío de desafiar tus creencias limitantes y verás cómo tu vida se transforma en formas que nunca imaginaste posible.

El Subconsciente y su Impacto

El subconsciente es una parte fascinante y poderosa de nuestra mente que influye en gran medida en nuestro comportamiento, emociones y pensamientos, aunque no siempre somos conscientes de su existencia ni de su funcionamiento. En este capítulo, exploraremos qué es el subconsciente, cómo afecta nuestras vidas diarias y cómo podemos aprovechar su potencial para mejorar nuestro bienestar y éxito personal.

¿Qué es el Subconsciente?

El subconsciente se refiere a la parte de nuestra mente que opera por debajo del nivel de la conciencia consciente. Almacena nuestras creencias, experiencias pasadas, recuerdos, emociones y patrones de comportamiento que hemos adquirido a lo largo de nuestra vida. A diferencia de la mente consciente, que es racional y lógica, el subconsciente opera principalmente en un nivel emocional y automático.

Para entender mejor esto, consideremos un iceberg. La parte visible sobre el agua representa nuestra mente consciente, que es solo una pequeña fracción de lo que está realmente sucediendo. La mayor parte del iceberg, sumergida bajo el agua, representa nuestro subconsciente, donde reside la mayor parte de nuestro potencial y nuestras influencias internas.

La Influencia del Subconsciente en Nuestras Vidas

El subconsciente juega un papel crucial en nuestra percepción del mundo y en cómo respondemos a las situaciones cotidianas. Por ejemplo, si tenemos una creencia subconsciente de "No soy lo suficientemente inteligente", es probable que actuemos de maneras que refuercen esta creencia, como evitar desafíos intelectuales o dudar de nuestras habilidades en el trabajo o en la escuela.

Otro ejemplo común es el miedo escénico. Muchas personas pueden sentirse nerviosas o ansiosas al hablar en público debido a creencias subconscientes sobre el juicio de los demás o el miedo al fracaso. Aunque pueden saber conscientemente que tienen las habilidades para hacerlo bien, el subconsciente puede sabotear sus esfuerzos al generar emociones de ansiedad que afectan su desempeño.

Cómo Funciona el Subconsciente

El subconsciente procesa información de manera rápida y automática, sin necesidad de intervención consciente. Es como un sistema operativo en segundo plano que maneja nuestras funciones básicas y respuestas emocionales. Por ejemplo, cuando aprendemos a conducir, al principio necesitamos concentrarnos en cada movimiento y acción. Con la práctica, estas habilidades se vuelven automáticas y son controladas principalmente por el subconsciente.

Además de ser un almacenamiento de experiencias y emociones, el subconsciente también está involucrado en la formación de hábitos. Cuando realizamos una acción repetidamente, como cepillarnos los dientes o conducir al trabajo, el subconsciente toma el control para que no tengamos que pensar conscientemente en cada paso. Esto libera nuestra mente consciente para tareas más complejas y creativas.

Impacto en Nuestro Comportamiento y Decisiones

Nuestro subconsciente influye en gran medida en nuestras decisiones diarias, a menudo de maneras que no somos conscientes. Por ejemplo, al elegir a quién nos sentimos atraídos, qué carrera perseguimos, o cómo respondemos a situaciones de conflicto, nuestro subconsciente está trabajando detrás de escena en función de nuestras experiencias pasadas, miedos y deseos más profundos.

Imagina a Carlos, un joven que siempre ha querido emprender un negocio propio pero que constantemente posterga tomar medidas hacia este objetivo. Aunque racionalmente sabe que tiene las habilidades y recursos necesarios, su subconsciente puede estar alimentando creencias de "No soy lo suficientemente capaz" o "No tengo suficiente suerte". Estas creencias subyacentes pueden frenar sus esfuerzos, incluso sin que él sea consciente de ello.

Cómo Aprovechar el Poder del Subconsciente

Si bien el subconsciente puede operar en automático, podemos influir conscientemente en él para promover cambios positivos en nuestras vidas:

1. Autoconciencia: El primer paso es desarrollar una mayor autoconciencia de nuestras creencias subconscientes y patrones de pensamiento. Esto puede lograrse a través de la reflexión personal, la terapia o el coaching.

2. Reprogramación Positiva: Una vez identificadas las creencias limitantes, podemos reemplazarlas activamente con pensamientos y creencias más positivas y constructivas. Esto implica repetir afirmaciones positivas, visualizar el éxito y tomar acciones que desafíen las creencias limitantes.

3. Meditación y Mindfulness: Estas prácticas pueden ayudar a calmar la mente consciente y acceder más fácilmente al subconsciente, permitiendo una mayor claridad mental y una toma de decisiones más consciente.

4. Hábitos Positivos: Desarrollar hábitos positivos y consistentes puede ayudar a reforzar patrones de comportamiento saludables y constructivos en el subconsciente.

5. Educación y Experiencias Nuevas: Exponerse a nuevas ideas, aprendizajes y experiencias puede desafiar las creencias limitantes existentes y abrir nuevas posibilidades en la mente subconsciente.

Ejemplo Práctico

Imagina a Laura, una mujer que siempre ha tenido miedo a volar. A pesar de que sabe conscientemente que volar es seguro y eficiente, su subconsciente está lleno de imágenes y emociones asociadas con el miedo al avión. Después de años evitando viajar en avión, Laura decide enfrentar su miedo. Se somete a terapia para explorar las raíces de su fobia y aprender técnicas para calmar su mente subconsciente. Con el tiempo y la práctica, Laura logra abordar un avión sin sentir pánico, aprovechando el poder de su subconsciente para superar su miedo y abrir nuevas posibilidades en su vida.

En resumen, el subconsciente es una parte integral de nuestra mente que influye profundamente en nuestro comportamiento, emociones y decisiones. Reconocer su poder y aprender a trabajar con él de manera positiva puede conducir a una vida más plena y satisfactoria. Aprovecha el poder del subconsciente para desafiar creencias limitantes, fortalecer hábitos positivos y alcanzar tus metas más ambiciosas.

La Inteligencia Emocional

La inteligencia emocional es la capacidad de reconocer, entender y manejar nuestras propias emociones, así como las emociones de los demás. A diferencia del coeficiente intelectual (CI), que se centra en la capacidad cognitiva, la inteligencia emocional se refiere a nuestras habilidades para relacionarnos con los demás y gestionar situaciones emocionales de manera efectiva.

Componentes de la Inteligencia Emocional

La inteligencia emocional comprende varios componentes clave:

1. Conciencia Emocional: Consiste en ser consciente de nuestras propias emociones en el momento presente. Esto implica identificar qué sentimos y por qué lo sentimos. Por ejemplo, reconocer cuando estamos frustrados en el trabajo o contentos después de una reunión exitosa.

2. Autocontrol: Implica manejar nuestras emociones de manera adecuada, sin dejar que nos dominen ni reaccionar impulsivamente. Por ejemplo, respirar profundamente antes de responder en una situación estresante en lugar de dejarnos llevar por la ira.

3. Motivación: Es la habilidad de canalizar nuestras emociones hacia metas significativas y perseguir objetivos con determinación. Por ejemplo, mantenerse enfocado y persistente a pesar de los desafíos y las dificultades.

4. Empatía: Es la capacidad de entender y compartir los sentimientos de los demás. Implica ponerse en el lugar de otra persona y ver las cosas desde su perspectiva. Por ejemplo, comprender por qué un amigo se siente triste después de una pérdida.

5. Habilidades Sociales: Involucran la gestión de relaciones interpersonales de manera efectiva. Esto incluye la comunicación clara, la resolución de conflictos y la capacidad de inspirar y influir en los demás de manera positiva.

Importancia de la Inteligencia Emocional

La inteligencia emocional juega un papel crucial en muchos aspectos de nuestra vida, desde nuestras relaciones personales hasta nuestro éxito profesional. Aquí algunos ejemplos concretos de cómo afecta nuestra vida diaria:

- En el trabajo: Los líderes con alta inteligencia emocional son capaces de motivar a sus equipos, manejar el estrés y resolver conflictos de manera efectiva. Esto contribuye a un ambiente de trabajo más productivo y colaborativo.

- En las relaciones personales: Las personas con inteligencia emocional desarrollada suelen tener relaciones más satisfactorias y duraderas. Son capaces de entender las necesidades y emociones de sus parejas, amigos y familiares, lo que fortalece los lazos afectivos.

- En la salud mental: La inteligencia emocional está relacionada con una mayor resiliencia emocional y una menor incidencia de problemas de salud mental como la ansiedad y la depresión. Las personas con habilidades emocionales fuertes pueden manejar mejor el estrés y las adversidades de la vida.

Desarrollo de la Inteligencia Emocional

Aunque algunas personas pueden tener una predisposición natural hacia la inteligencia emocional, esta habilidad también se puede desarrollar y mejorar a lo largo del tiempo con práctica y conciencia:

- Autoconciencia: Practicar la auto-reflexión regularmente para identificar y comprender nuestras propias emociones y patrones de comportamiento.

- Autocontrol: Aprender técnicas de manejo del estrés como la respiración profunda, la meditación y el ejercicio físico regular para gestionar emociones intensas.

- Empatía: Practicar escuchar activamente a los demás y hacer un esfuerzo por comprender sus perspectivas y sentimientos.

- Habilidades Sociales: Participar en actividades de grupo, trabajar en equipo y buscar oportunidades para desarrollar habilidades de comunicación y resolución de conflictos.

Ejemplo Práctico

Imagina a Pablo, un gerente que enfrenta un equipo desmotivado en su trabajo. En lugar de simplemente imponer soluciones, Pablo utiliza su inteligencia emocional. Primero, reconoce que muchos de sus colegas están experimentando estrés debido a plazos ajustados. Luego, organiza reuniones individuales para escuchar sus preocupaciones y proporcionar apoyo emocional.

Utiliza su empatía para comprender sus puntos de vista y motivarlos hacia objetivos comunes. Como resultado, el equipo experimenta una mejora en la moral y un aumento en la productividad.

En conclusión, la inteligencia emocional es una habilidad invaluable que nos permite navegar por las complejidades de nuestras emociones y las de los demás. Al desarrollar esta habilidad, podemos mejorar nuestras relaciones personales, nuestro desempeño laboral y nuestra calidad de vida en general. Practica la autoconciencia, el autocontrol, la empatía y las habilidades sociales para cultivar una inteligencia emocional fuerte y positiva que te guíe hacia el éxito y la felicidad.

Terapia Cognitivo-Conductual (TCC)

La Terapia Cognitivo-Conductual (TCC) es una forma de psicoterapia ampliamente utilizada que se centra en cómo nuestros pensamientos (cogniciones) y nuestras acciones (conductas) afectan nuestras emociones. Esta terapia se basa en la premisa de que los pensamientos distorsionados o negativos y los patrones de comportamiento poco saludables pueden contribuir a problemas emocionales y conductuales. El objetivo principal de la TCC es identificar y cambiar patrones de pensamiento y comportamiento que son perjudiciales, para así mejorar la calidad de vida del individuo.

Principios Básicos de la TCC

La TCC se basa en varios principios fundamentales:

1. Modelo Cognitivo: Este modelo postula que nuestros pensamientos tienen un impacto directo en nuestras emociones y comportamientos. Por ejemplo, si alguien piensa constantemente "Nunca seré lo suficientemente bueno", es probable que se sienta deprimido o ansioso y actúe evitando situaciones que podrían desafiar esa creencia.

2. Enfoque Estructurado y Colaborativo: La TCC es una terapia estructurada y colaborativa entre el

terapeuta y el paciente. Se establecen metas claras y se utilizan técnicas específicas para identificar y cambiar pensamientos y comportamientos problemáticos.

3. Técnicas y Estrategias Específicas: Utiliza una variedad de técnicas prácticas y estrategias para abordar problemas específicos. Estas pueden incluir la identificación de pensamientos automáticos negativos, la reestructuración cognitiva (cambiar pensamientos distorsionados por otros más realistas y equilibrados), la exposición gradual a situaciones temidas (para tratar fobias) y el entrenamiento en habilidades de afrontamiento.

Cómo Funciona la TCC

Para ilustrar cómo funciona la TCC, consideremos el caso de María, una persona que experimenta ansiedad social severa. María evita socializar porque cree que los demás la juzgarán negativamente o la rechazarán. Con la ayuda de un terapeuta cognitivo-conductual, María aprendería a identificar los pensamientos automáticos negativos que surgen en situaciones sociales ("Todos me están mirando y pensando cosas malas de mí"). Luego, trabajaría para desafiar estos pensamientos con evidencias realistas y construir pensamientos alternativos más equilibrados ("Es posible que algunas personas estén ocupadas con sus propios pensamientos y no me estén prestando atención").

Además, María podría participar en ejercicios de exposición gradual, donde practica habilidades sociales en situaciones controladas y seguras, aprendiendo a manejar gradualmente su ansiedad. A medida que adquiere confianza en sus habilidades sociales y experimenta resultados positivos, su ansiedad social tiende a disminuir.

Aplicaciones de la TCC

La TCC se utiliza para tratar una amplia gama de trastornos mentales y problemas emocionales, incluyendo:

- Trastornos de ansiedad, como trastorno de pánico, fobias, trastorno obsesivo-compulsivo (TOC) y trastorno de ansiedad generalizada (TAG).

- Trastornos del estado de ánimo, como la depresión mayor y el trastorno bipolar.

- Trastornos alimentarios, como la bulimia nerviosa y la anorexia nerviosa.

- Trastornos de estrés postraumático (TEPT) y otros trastornos relacionados con el trauma.

- Problemas de control de impulsos, como la adicción y el juego compulsivo.

- Trastornos del sueño y problemas de ajuste y adaptación.

Beneficios de la TCC

Los beneficios de la TCC incluyen:

- Efectividad demostrada: Numerosos estudios han demostrado que la TCC es efectiva en el tratamiento de una amplia variedad de trastornos mentales y emocionales.

- Focalización en el cambio: Al centrarse en pensamientos y comportamientos específicos, la TCC proporciona herramientas prácticas para el cambio personal.

- Orientación a corto plazo: En comparación con otras formas de terapia, la TCC a menudo es más breve y focalizada, lo que puede resultar en resultados más rápidos para los pacientes.

- Herramientas para la vida: Los pacientes no solo aprenden a manejar sus síntomas, sino que también adquieren habilidades y estrategias que pueden aplicar a lo largo de sus vidas para enfrentar desafíos futuros.

Conclusión

En resumen, la Terapia Cognitivo-Conductual (TCC) es una herramienta poderosa y efectiva para abordar una variedad de problemas emocionales y conductuales. Al trabajar de manera estructurada para cambiar pensamientos distorsionados y comportamientos problemáticos, la TCC ayuda a las personas a mejorar su bienestar emocional y a enfrentar los desafíos de la vida con mayor eficacia. Si estás lidiando con problemas emocionales o conductuales, considera buscar un terapeuta capacitado en TCC para explorar cómo esta terapia puede beneficiarte.

La Resiliencia Mental

La resiliencia mental se refiere a la capacidad de adaptarse y recuperarse frente a adversidades, estrés, traumas o situaciones difíciles. Es la habilidad de mantenerse fuerte y mantener un buen estado mental incluso en circunstancias desafiantes. Aunque algunas personas parecen tener una capacidad innata para la resiliencia, esta cualidad también se puede desarrollar y fortalecer a lo largo de la vida.

Características de la Resiliencia Mental

La resiliencia mental se caracteriza por varios aspectos clave:

1. Flexibilidad y Adaptabilidad: Las personas resilientes son capaces de adaptarse a nuevas circunstancias y cambios inesperados sin perder la calma ni desmoronarse. Por ejemplo, pueden ajustar sus planes o formas de pensar cuando las cosas no salen como esperaban.

2. Optimismo y Esperanza: Mantienen una actitud positiva y una visión optimista del futuro a pesar de los desafíos actuales. Tienen la creencia de que pueden superar las dificultades y encontrar soluciones.

3. Buena Autoestima y Confianza: Las personas resilientes tienen una sólida autoestima y confían en sus propias habilidades y fortalezas. Esto les permite enfrentar problemas con mayor seguridad y determinación.

4. Redes de Apoyo Fuertes: Tener conexiones sociales sólidas y una red de apoyo confiable es crucial para la resiliencia mental. Estas relaciones proporcionan consuelo, orientación y aliento durante tiempos difíciles.

5. Habilidades de Afrontamiento Efectivas: Utilizan estrategias saludables para manejar el estrés y las emociones negativas. Esto puede incluir técnicas de relajación, ejercicio físico, meditación o hablar con amigos y familiares.

Desarrollo de la Resiliencia Mental

La resiliencia mental no es simplemente una cualidad con la que se nace, sino que puede cultivarse a lo largo del tiempo. Aquí algunas formas de desarrollar y fortalecer la resiliencia:

- Autoconciencia: Conocer y entender nuestras propias emociones, fortalezas y áreas de mejora es fundamental para construir resiliencia. Esto implica reflexionar sobre nuestras reacciones ante el estrés y aprender de nuestras experiencias pasadas.

- Mantener una Perspectiva Positiva: Practicar el optimismo realista, que implica reconocer los desafíos pero también creer en nuestra capacidad para superarlos, es crucial para desarrollar resiliencia.

- Establecer Metas Realistas: Tener metas claras y alcanzables puede proporcionar un sentido de propósito y dirección, incluso durante tiempos difíciles.

- Cuidado Personal: Priorizar el autocuidado físico, emocional y mental fortalece nuestra capacidad para enfrentar el estrés y las adversidades.

Ejemplo Práctico

Imagina a Juan, quien pierde su empleo repentinamente debido a recortes en la empresa. Aunque inicialmente se siente desanimado y estresado, recuerda experiencias anteriores donde ha superado obstáculos similares. Juan utiliza su red de apoyo (familia y amigos) para obtener consuelo y orientación. Además, se inscribe en cursos de actualización profesional para mejorar sus habilidades y aumentar sus oportunidades laborales. A través de un enfoque positivo y proactivo, Juan logra encontrar un nuevo trabajo que no solo lo satisface, sino que también lo fortalece emocionalmente.

Importancia de la Resiliencia Mental

La resiliencia mental es crucial para el bienestar emocional y el éxito en la vida. Las personas resilientes son más capaces de manejar el estrés, recuperarse de traumas y mantener relaciones saludables. Además, pueden enfrentar desafíos laborales, académicos o personales con mayor efectividad y adaptabilidad.

Conclusión

En resumen, la resiliencia mental es una habilidad invaluable que todos podemos desarrollar. Al cultivar una actitud positiva, fortalecer nuestras conexiones sociales y aprender habilidades de afrontamiento efectivas, podemos mejorar nuestra capacidad para enfrentar los desafíos de la vida con determinación y esperanza. A través de la práctica continua y el autocuidado, podemos construir una base sólida de resiliencia que nos ayude a prosperar incluso en tiempos difíciles.

El Efecto Placebo y la Curación Mental

El efecto placebo es un fenómeno fascinante que demuestra el poder de la mente sobre el cuerpo en términos de curación y bienestar. Se refiere a la mejoría en la salud o alivio de los síntomas experimentados por un paciente, simplemente debido a la creencia de que está recibiendo un tratamiento efectivo, aunque en realidad el tratamiento puede ser inerte o no tener ningún efecto farmacológico real.

¿Cómo Funciona el Efecto Placebo?

El mecanismo exacto del efecto placebo aún no está completamente comprendido, pero se cree que involucra varios aspectos psicológicos y fisiológicos. Cuando una persona tiene una expectativa positiva de que un tratamiento mejorará su condición, su cerebro puede liberar sustancias químicas naturales que promueven la curación, como endorfinas y dopamina. Estas sustancias pueden aliviar el dolor, reducir la ansiedad o mejorar otros síntomas, incluso sin intervención médica real.

Ejemplos Ilustrativos

Imagina a Ana, quien sufre de dolores de cabeza crónicos. Su médico le receta una nueva píldora que, según estudios clínicos, ha mostrado ser efectiva para reducir el dolor de cabeza. Aunque la píldora que Ana toma en realidad es solo una cápsula de azúcar sin ingredientes activos, Ana experimenta una disminución notable en la frecuencia y la intensidad de sus dolores de cabeza. Este es un claro ejemplo del poder del efecto placebo, donde la creencia de Ana en la efectividad del tratamiento resulta en una mejoría real en su condición.

Aplicaciones en la Práctica Médica

El efecto placebo es ampliamente reconocido en la investigación médica y se utiliza en estudios clínicos para evaluar la eficacia de nuevos tratamientos. Los investigadores comparan el efecto de un tratamiento activo con el efecto de un placebo para determinar si el tratamiento activo es realmente efectivo más allá del efecto placebo.

Además, los médicos y terapeutas pueden aprovechar conscientemente el efecto placebo en la práctica clínica. Informar a los pacientes sobre los posibles beneficios de un tratamiento, incluso si es solo un placebo, puede mejorar la respuesta del paciente y contribuir a su bienestar general.

Factores que Influyen en el Efecto Placebo

Varios factores pueden influir en la magnitud y la efectividad del efecto placebo:

- Expectativas del Paciente: Cuanto más positivas sean las expectativas del paciente sobre el tratamiento, mayor será la probabilidad de experimentar el efecto placebo.

- Ritual y Contexto: El contexto en el que se administra el tratamiento, como el entorno médico, la forma y el color de las píldoras, y la interacción con el personal médico, puede influir en la respuesta placebo.

- Relación Médico-Paciente: Una buena relación entre el médico y el paciente, basada en la confianza y la comunicación efectiva, puede aumentar la respuesta placebo.

Ética y Consideraciones

Aunque el efecto placebo puede proporcionar alivio sintomático genuino, también plantea cuestiones éticas importantes, especialmente cuando se considera el deber del médico de proporcionar tratamientos basados en evidencia científica sólida. Es fundamental que los médicos sean transparentes con sus pacientes sobre los tratamientos que se administran y sus posibles beneficios reales.

Conclusión

En conclusión, el efecto placebo es un fenómeno notable que destaca el papel significativo de la mente en la salud y la curación. Aunque no es un tratamiento activo en sí mismo, puede inducir mejoras reales en la salud y el bienestar de las personas a través de la creencia y la expectativa positiva. Comprender cómo funciona el efecto placebo puede ayudar a médicos y pacientes a aprovechar su potencial en el contexto adecuado, mientras se mantiene un enfoque ético y transparente en la práctica médica.

Psicología del Perdón

El perdón es un proceso emocional y psicológico que involucra renunciar a sentimientos de resentimiento, ira o venganza hacia alguien que nos ha herido o causado dolor. Aunque a menudo se percibe como un acto de debilidad, perdonar es en realidad un acto de liberación personal que puede tener beneficios significativos para la salud mental y emocional.

¿Qué es el Perdón?

Perdonar no significa necesariamente olvidar lo que ha sucedido o justificar el comportamiento dañino de otra persona. En cambio, implica tomar la decisión consciente de dejar de lado el resentimiento y buscar la paz interior. Es un proceso gradual que puede llevar tiempo y esfuerzo, especialmente cuando las heridas emocionales son profundas.

Beneficios del Perdón

Perdonar puede tener efectos positivos tanto físicos como psicológicos:

- Reducción del Estrés y la Ansiedad: Dejar de lado sentimientos negativos hacia los demás puede reducir el estrés y la ansiedad, mejorando así la salud general y el bienestar emocional.

- Mejora de las Relaciones Interpersonales: El perdón promueve la reconciliación y la restauración de relaciones dañadas, fomentando una comunicación más abierta y empática.

- Incremento de la Autoestima: Aceptar y perdonar experiencias pasadas puede fortalecer la autoestima y la confianza en uno mismo.

- Promoción de la Resiliencia: Ser capaz de perdonar y dejar ir el dolor puede fortalecer la resiliencia emocional, permitiendo a las personas enfrentar mejor las adversidades futuras.

Obstáculos para el Perdón

A pesar de los beneficios, el perdón puede ser un proceso difícil debido a varios obstáculos:

- Sentimientos de Justicia: Sentir la necesidad de que la otra persona sea castigada o se disculpe adecuadamente puede dificultar el perdón.

- Miedo a la Vulnerabilidad: Temor a ser lastimado nuevamente si se restablece la relación con la persona que causó el daño.

- Dolor Emocional Profundo: Las heridas emocionales profundas pueden hacer que sea difícil para algunas personas perdonar y seguir adelante.

Etapas del Perdón

El proceso de perdón generalmente sigue varias etapas:

1. Reconocimiento del Dolor: Reconocer y aceptar las emociones negativas causadas por la experiencia dolorosa.

2. Decisión de Perdonar: Tomar la decisión consciente de perdonar a la persona, separando el acto de perdonar del comportamiento que causó el daño.

3. Trabajo en la Emoción: Procesar activamente las emociones dolorosas asociadas con la experiencia, buscando comprensión y aceptación.

4. Liberación y Paz Interior: Experimentar un sentimiento de liberación y paz interior a medida que se suelta el resentimiento y la ira.

Ejemplo Ilustrativo

Imagina a Laura, quien fue traicionada por su mejor amiga al revelar un secreto íntimo. Inicialmente, Laura se sintió herida y enojada, pero con el tiempo decidió trabajar en perdonar a su amiga. A través de la comunicación abierta y la expresión honesta de sus sentimientos, Laura pudo liberarse del resentimiento y reconstruir su confianza en las relaciones personales.

Conclusión

El perdón es un proceso transformador que permite a las personas sanar emocionalmente y seguir adelante con sus vidas. Aunque puede ser desafiante y requerir tiempo, el acto de perdonar puede traer beneficios duraderos para la salud mental y emocional. Al comprender los beneficios del perdón y trabajar activamente en este proceso, las personas pueden experimentar una mayor paz interior, relaciones más saludables y una mejor calidad de vida en general.

Relaciones Saludables y la Mente

Las relaciones saludables juegan un papel crucial en nuestra salud mental y emocional. Se refieren a vínculos que son satisfactorios, mutuamente respetuosos y que contribuyen al bienestar general de las personas involucradas. Estas relaciones no solo proporcionan apoyo emocional y social, sino que también pueden promover un sentido de pertenencia, seguridad y felicidad.

Características de las Relaciones Saludables

Las relaciones saludables se caracterizan por varios aspectos fundamentales:

1. Comunicación Abierta y Respetuosa: La capacidad de comunicarse de manera honesta, clara y respetuosa es fundamental. Esto incluye escuchar activamente, expresar emociones de manera constructiva y resolver conflictos de manera colaborativa.

2. Confianza y Apoyo Mutuo: La confianza y el apoyo son pilares clave. En una relación saludable, las personas se sienten seguras para compartir sus pensamientos, sentimientos y vulnerabilidades sin temor a juicios o críticas.

3. Empatía y Comprensión: La capacidad de ponerse en el lugar del otro y comprender sus

perspectivas y emociones es esencial. Esto fortalece la conexión emocional y promueve la empatía mutua.

4. Espacio para el Crecimiento Individual: Las relaciones saludables permiten que cada persona crezca y se desarrolle individualmente. Respetan los intereses, metas y necesidades únicas de cada individuo dentro de la dinámica de la relación.

Importancia de las Relaciones Saludables

Las relaciones saludables tienen numerosos beneficios para la salud mental y emocional:

- Reducción del Estrés: Contar con el apoyo emocional de personas cercanas puede reducir los niveles de estrés y ayudar a enfrentar mejor los desafíos de la vida.

- Mejora del Bienestar Emocional: Las relaciones satisfactorias están asociadas con una mayor satisfacción emocional y una menor incidencia de depresión y ansiedad.

- Promoción de la Autoestima: Sentirse amado, valorado y apreciado en una relación puede aumentar la autoestima y la confianza en uno mismo.

- Fomento del Sentido de Pertenencia: Las relaciones saludables proporcionan un sentido de pertenencia y conexión social, lo cual es fundamental para el bienestar psicológico.

Ejemplo Ilustrativo

Imagina a Carlos y Sofía, amigos desde la infancia. A lo largo de los años, han cultivado una relación basada en la confianza, el respeto y el apoyo mutuo. Cuando Carlos enfrenta dificultades en el trabajo, Sofía está allí para escucharlo, brindarle consejos y animarlo. Del mismo modo, cuando Sofía pasa por momentos de incertidumbre personal, Carlos ofrece su apoyo incondicional y comprensión. Esta relación les permite a ambos sentirse seguros, valorados y capaces de enfrentar desafíos juntos.

Cómo Cultivar Relaciones Saludables

Para cultivar relaciones saludables, es importante:

- Comunicarse Abiertamente: Expresar pensamientos y sentimientos de manera honesta y respetuosa.

- Mostrar Apoyo y Empatía: Estar presente para los demás en tiempos de alegría y dificultad, mostrando interés genuino y preocupación.

- Resolver Conflictos de Manera Constructiva: Abordar diferencias y conflictos de manera calmada y respetuosa, buscando soluciones que beneficien a ambas partes.

- Establecer Límites Claros: Respetar los límites personales y establecer expectativas claras dentro de la relación.

Conclusión

En resumen, las relaciones saludables son fundamentales para nuestro bienestar emocional y mental. Proporcionan apoyo emocional, fomentan la autoestima y promueven un sentido de conexión y pertenencia. Al invertir en relaciones basadas en el respeto mutuo, la comunicación abierta y el apoyo sincero, podemos fortalecer nuestra salud mental y disfrutar de una vida más plena y satisfactoria.

El Camino hacia la Autorrealización

La autorrealización es un proceso de crecimiento personal en el cual una persona alcanza su máximo potencial y se convierte en la versión más completa y realizada de sí misma. Implica desarrollar y utilizar nuestros talentos, habilidades y capacidades al máximo, así como alcanzar un sentido profundo de satisfacción y propósito en la vida.

Para embarcarse en el camino hacia la autorrealización, es fundamental comenzar por conocerse a uno mismo. Esto implica explorar nuestras fortalezas, debilidades, valores y metas personales. Al entender quiénes somos realmente y lo que queremos lograr, podemos trazar un camino claro hacia nuestro desarrollo personal y profesional.

Un aspecto clave en el proceso de autorrealización es establecer metas significativas y alcanzables. Estas metas actúan como puntos de referencia que nos guían y nos motivan a medida que avanzamos hacia nuestro potencial máximo. Por ejemplo, una persona puede establecer metas relacionadas con el crecimiento profesional, el desarrollo personal, la salud física o las relaciones interpersonales.

Además de establecer metas, es importante cultivar una mentalidad de crecimiento. Esto implica estar dispuesto a aprender continuamente, a enfrentar desafíos y a adaptarse a nuevas circunstancias. Aquellos que están en busca de la autorrealización suelen ver los obstáculos como oportunidades para crecer y mejorar, en lugar de barreras insuperables.

La autorrealización también implica vivir de acuerdo con nuestros valores más profundos y alinear nuestras acciones con lo que realmente creemos y valoramos en la vida. Cuando nuestras acciones están en armonía con nuestros valores, experimentamos un mayor sentido de integridad y autenticidad, lo que contribuye significativamente a nuestra satisfacción y bienestar personal.

Un ejemplo inspirador de autorrealización puede ser el de Nelson Mandela, quien a lo largo de su vida dedicó sus esfuerzos a la lucha por la justicia y la igualdad en Sudáfrica. A pesar de enfrentar enormes desafíos y años de encarcelamiento, Mandela perseveró en sus principios y valores, liderando finalmente la transición hacia una democracia multirracial en su país. Su vida es un testimonio de cómo la autorrealización puede llevar a impactar positivamente no solo la vida propia, sino también la de millones de personas.

En el camino hacia la autorrealización, es crucial también cultivar relaciones significativas y de apoyo. Las conexiones positivas con los demás pueden proporcionar aliento, perspectivas únicas y apoyo emocional durante los momentos difíciles. Además, compartir nuestras experiencias y metas con amigos, familiares o mentores puede enriquecer nuestro viaje personal y ayudarnos a mantenernos enfocados y motivados.

Finalmente, la autorrealización no es un destino final, sino un viaje continuo de autodescubrimiento y crecimiento. A medida que alcanzamos y superamos nuestras metas y desafíos, es natural establecer nuevos objetivos y aspiraciones que nos impulsen hacia adelante en nuestra búsqueda de una vida plena y satisfactoria.

En conclusión, la autorrealización es un proceso transformador que nos invita a explorar y desarrollar nuestro potencial más profundo. A través de la autoconciencia, el establecimiento de metas significativas, la mentalidad de crecimiento, la alineación con nuestros valores y el apoyo de relaciones positivas, podemos avanzar hacia una vida más significativa y satisfactoria. Al comprometernos con este viaje personal, no solo mejoramos nuestra propia vida, sino que también podemos hacer una diferencia positiva en el mundo que nos rodea.